Selbermachen. Genießen. Verschenken.

Gartengenüsse aus der kreativen Manufaktur sind schöne Geschenke und Mitbringsel: mit Sorgfalt hergestellt, mit Liebe verpackt.

Karina Schmidt • Gesine Harth

GESCHENKE AUS DEM BAUERNGARTEN

Gartengenüsse lecker verpackt

Inhalt

schalottenessig
schalottenessig
schalottenessig

Gutes aus dem Bauerngarten

Was gibt es Herrlicheres als frisches Obst, Gemüse und Kräuter direkt aus dem Bauerngarten! Erdbeeren und Äpfel, Petersilie und Rosmarin, Tomaten, Lauch und Kürbis kommen hier frisch gepflückt und mit viel Liebe verarbeitet in Gläser, Flaschen und Backförmchen, aufs Brot, an Salate und in Suppen. Mit unseren leicht nachzumachenden modernen und traditionellen Rezepten verwandeln Sie die frische Ernte ruck, zuck in leckere Kleinigkeiten.

Für jeden Geschmack ist etwas dabei. Dabei erleichtert die Einteilung in ein Kapitel nur für Gemüse, eines für Obst und eines für Kräuter die Übersicht, sodass man schnell das Passende für einen bestimmten Anlass oder auch den eigenen Appetit findet. Eingemachte Pfeffergurken, eine Tomaten-Terrine, Portweinkirschen und vieles mehr können Sie selbst genießen oder sie werden hübsch und kreativ verpackt zu originellen Geschenken, über die sich jeder freut. Die zusätzlichen Kreativideen in jedem Kapitel runden den Ideenschatz zum Thema Bauerngarten ab.

Genüsse mit Gemüse

„Iss dein Gemüse auf, dann wirst du groß und stark!“, pflegten uns schon unsere Großmütter zu erinnern. Wer als Kind kein Gemüse mochte, ist vielleicht als Erwachsener auf den Geschmack gekommen – oder ist es dank der Rezepte auf den folgenden Seiten spätestens jetzt.

HMM..
LECKER
MAHLZEIT

yUmmy
yuMMy
yumMy

AUS MEINEM GARTEN
AUS MEINEM GARTEN

Gemüse frisch vom Markt oder aus dem eigenen Beet, eingemacht oder zum sofortigen Schlemmen: Die vielseitigen Kostbarkeiten aus dem Garten verwandeln sich hier zu feiner Kürbiscremesuppe, frischem Zucchini-Gemüse, leckeren Lauch-Strudel-päckchen und vielem mehr.

Scharfe Pfeffergurken kalt eingelegt

Schichten Sie die geputzten kleinen Gurken in ein Edelstahlsieb. Zwischen jede Lage streuen Sie eine Schicht Salz. Hängen Sie das Sieb über Nacht über eine Schüssel oder einen Topf, damit die Gurken gut abtropfen. Decken Sie die Gurken mit einem Deckel ab.

Die Gurken sollten nach 12 bis 18 Stunden weich und biegsam sein. Spülen Sie die Gurken gut ab und trocknen Sie sie sorgfältig. Geben Sie in jedes Gurkenglas zwei bis drei Knoblauchzehen, zwei Schalotten, einen Esslöffel Pfefferkörner, zwei Lorbeerblätter, eine ganze Chilischote sowie eine in Scheiben geschnittene Chilischote. Füllen Sie die Gläser mit Essig auf, sodass die Gurken komplett bedeckt sind, und verschließen Sie die Gläser.

Lassen Sie die Gurken sechs Wochen ziehen, dann erhalten Sie knackige, scharf gewürzte Essiggurken.

Die Gurken sind sechs bis zwölf Monate haltbar.

Die Verpackungsidee für die Gurken finden Sie auf Seite 14/15.

Zutaten für 4 Gläser à 700 ml

2 kg kleine bis mittelgroße Gurken zum Einlegen, gut gereinigt
500 g Salz
1 Knoblauchknolle, alle Zehen geschält
8 kleine Schalotten oder 200 g Perlzwiebeln, geschält
8 Lorbeerblätter
4 EL bunte Pfefferkörner
8 rote Chilischoten, 4 davon in Scheiben geschnitten
1–1,5 l Weißweinessig

PFEFFER
GURKEN
PFEFFER
GURKEN

Holzetiketten
für die Pfeffergurken

Für das Etikett sägen Sie von dem Ast dünne diagonale Scheiben, sodass Sie eine ovale Form erhalten. Anschließend mit dem Bohrer vorsichtig kleine Löcher in die Scheiben bohren (nicht zu nah am Rand, sonst kann das Holz brechen). Schleifen Sie die Oberflächen mit Schleifpapier ab, um ggf. Sägespuren zu glätten. Mit einem schwarzen Filzstift lässt sich die Holzoberfläche nun ganz leicht beschriften.

Für die Verschönerung des Deckels ziehen Sie nun ein großes Stück Packpapier durch kaltes Wasser, lassen es abtropfen und knautschen es gut durch. Danach etwas glatt streichen. Wenn das Papier ganz durchgetrocknet ist, kneten Sie es ein weiteres Mal.

Dann das Papier in 15 cm x 15 cm große Rechtecke schneiden. Aus dem grünen Knautschpapier schneiden Sie etwas größere Rechtecke (16 cm x 16 cm). Legen Sie die beiden Papierlagen übereinander und bedecken Sie damit den Deckel des Glases.

Ziehen Sie pro Glas ein Holzetikett mittig auf ein Stück Bast auf, nehmen Sie beide Bastfäden zusammen und knüpfen Sie etwa 1 cm vom Schild entfernt einen einfachen Knoten, sodass das Schild nun an einer kleinen Schlaufe hängt. Fixieren Sie das Papier mithilfe des Bastes auf den Deckeln.

Material

- Rundglas, 720 ml
- Packpapier in Braun
- Knautschpapier in Grün
- Ast, ø mind. 4 cm
- Bast in Grün
- Filzstift
- Säge
- Schleifpapier, 80er Körnung
- Bohrmaschine
- Bohrer, ø 2 mm
- Schere

Erbsen-Blätterteigtaschen mit Pfefferminze

Vermischen Sie Erbsen, Zwiebeln, Chili, Emmentaler, Schmand, Minze und Zitronenschale gut in einer Schüssel und schmecken Sie alles mit Salz und Pfeffer ab.

Heizen Sie den Backofen auf 200 °C vor. Rollen Sie den Blätterteig aus und stechen Sie 24 Kreise mit einem Durchmesser von 7 cm bis 8 cm aus.

Geben Sie jeweils in die Mitte eines Kreises ein bis zwei Esslöffel der Füllung. Bestreichen Sie die Ränder der Blätterteigkreise mit Wasser und klappen Sie sie auf die Hälfte zusammen, sodass kleine Halbmonde entstehen. Mit den Zinken einer Gabel die Ränder gut festdrücken und die Teigtaschen auf ein mit Backpapier ausgelegtes Backblech legen. Alle Taschen mit verquirltem Eigelb bestreichen und dann in 15 bis 20 Minuten im Backofen goldgelb backen.

Die Erbsen-Blätterteigtaschen sollten frisch verzehrt werden.

Tipp: Die Blätterteigtaschen lassen sich gut vorbereiten. Die Taschen komplett fertig machen – lediglich nicht mit Eigelb bestreichen – und in der Tiefkühltruhe aufbewahren. Noch tiefgekühlt mit Eigelb bestreichen und sofort backen.

Die Verpackungsidee für die Erbsen-Blätterteigtaschen finden Sie auf Seite 18/19.

Zutaten für 24 Taschen

100 g Erbsen, frisch gepalt und blanchiert
1 kleine Zwiebel, fein gehackt
½ kleine Chilischote, entkernt, das Fruchtfleisch fein gehackt
50 g Emmentaler, gerieben
100 g Schmand
4 Zweige Minze, die Blätter in Streifen geschnitten
½ TL geriebene Schale einer Bio-Zitrone
500 g frischer Blätterteig aus dem Kühlregal
1 Eigelb
Salz, Pfeffer

yumMy
yuMMy
yUmmy
erbSenBlätTerteigTasCHen

Holzkörbchen

für die Erbsen-Blätterteigtaschen

Material

Backkörbchen aus Holz
Zahnstocher
Knautschpapier in Grün
Fotokarton in Naturweiß
Packpapier
Knopf in Grün
Klebestift
Heißklebepistole
Lineal
Schere
Stanzer „Zackenkreis“, ø ca. 3,7 cm

Für die Rosette falten Sie einen Packpapierstreifen der Größe 35 cm x 2,5 cm zu einer Ziehharmonika mit 9 mm breiten Falten. Kleben Sie die Enden aneinander, sodass Sie eine Rosette erhalten. Kleben Sie die Rosette mit Heißkleber auf einen 6 cm großen Kreis aus grünem Knautschpapier. Schneiden oder stanzen Sie zwei weitere Kreise aus naturweißem Fotokarton und Packpapier mit den Durchmessern 3,7 cm und 2,5 cm.

Für das Etikett beschriften Sie ein Stück Fotokarton mithilfe von Computer und Drucker (Schriftart „Courier“) oder, falls vorhanden, mit einer Schreibmaschine. Wählen Sie die Schriftgröße so, dass Sie einen beschrifteten Fotokartonstreifen von 1 cm Breite aus dem Papier schneiden können. Schneiden Sie an einem Ende ein kleines Dreieck heraus und kleben Sie den ausgeschnittenen Streifen auf grünes Knautschpapier, wobei an allen Seiten ca. 2 mm des grünen Papiers überstehen sollten. Befestigen Sie den Streifen zwischen der Papierrosette und den kleineren Papierkreisen. Zum Abschluss einen kleinen Holzknopf auf die Rosette kleben.

Mit doppelseitigem Klebeband können Sie nun das Ganze an dem Backkörbchen befestigen. Fertigen Sie das Fähnchen so wie das Etikett an und kleben Sie es anschließend an einen Zahnstocher. Füllen Sie die Teigtaschen in das Körbchen und stecken Sie die Fähnchen hinein.

CHMECKE
RZÜGLICH
U
FISCH
ATTSALA
VENCALISCHES
ÖL

Lauch-Strudelpäckchen für zwischendurch

Dünsten Sie die Auberginenwürfel und den Lauch in heißem Öl an. Geben Sie den Knoblauch und die Walnüsse hinzu und lassen Sie alles weitere zwei bis drei Minuten dünsten. Ziehen Sie die Pfanne vom Herd und lassen Sie die Masse abkühlen.

Mischen Sie den Parmesan, die Ziegenkäsewürfel, den Thymian, Majoran und Rosmarin unter. Schmecken Sie die Masse mit Salz und Pfeffer ab.

Ein Blatt des Frühlingsrollenteiges auf die Arbeitsplatte legen. Dabei zeigt eine Spitze zu Ihnen. Zwei Esslöffel der Füllung ca. 5 cm oberhalb dieser Spitze auf das Teigblatt geben und zu einem Streifen zwischen der oberen und unteren Spitze verteilen, wobei zum Rand jeweils 2 cm Platz gelassen werden. Schlagen Sie die rechten und linken Spitzen ein, legen Sie dann die untere Teigspitze über die Füllung und rollen Sie alles auf.

Zum Schluss das Öl in einem Wok oder Topf erhitzen und die Lauch-Strudelpäckchen goldgelb und knusprig frittieren. Die Lauch-Strudelpäckchen sollten frisch verzehrt werden.

Tipp: Die Lauch-Strudelpäckchen lassen sich gut einige Tage vor der Verwendung vorbereiten. Die Päckchen dafür komplett anfertigen und in der Tiefkühltruhe aufbewahren. Vor dem Servieren entnehmen Sie die Päckchen, geben sie in das heiße Fett und backen sie goldgelb aus.

Die Verpackungsidee für die Lauch-Strudelpäckchen finden Sie auf Seite 24/25.

Zutaten für 8 Päckchen

1 kleine Aubergine, etwa 200 g, klein gewürfelt
1 Lauchstange, der Länge nach halbiert, in feine Streifen geschnitten
2 EL Sonnenblumenöl
2 Knoblauchzehen, fein gewürfelt
80 g Walnusskerne, grob gehackt
50 g frisch geriebener Parmesan
1 Ziegenkäserolle, 150 g, gewürfelt
1 EL frische Thymianblättchen
1 EL frische Majoranblättchen
1 TL Rosmarinnadeln, fein gehackt
8 Blätter Frühlingsrollenteig, 18 cm x 18 cm (ersatzweise Strudelteig), tiefgekühlt
Salz, Pfeffer
Öl zum Ausbacken

guten appetit!
guten appetit!

Tüten mit Sichtfenster für die Lauch-Strudelpäckchen

Material

- Packpapiertüte mit Standboden, 15 cm x 27 cm
- Zellophantüte
- Karoband
- Packpapier
- Nähgarn in Naturweiß
- Pappe
- Stempelfarbe in Anthrazit
- Stempel „Besteck"
- Buchstabenstempel „mini"
- Nähmaschine
- Schere
- Cutter

Als Erstes schneiden Sie in die Vorderseite der Tüte ein rundes Sichtfenster mit einem Durchmesser von 7,5 cm. Legen Sie dafür ein Stück Pappe in die Tüte, um die Rückseite der Tüte nicht zu zerschneiden. Bestempeln Sie die Tüte dann mit einem Messer- und Gabelmotiv.

Auf ein 50 cm langes Karoband nähen Sie mit einem Zickzackstich mittig ein bestempeltes Etikett. Ziehen Sie die Fadenenden auf die Rückseite, verknoten Sie sie und schneiden Sie die überstehenden Fäden ab.

Die Tütenöffnung nach vorne falten und die Tüte 2 cm vom Rand entfernt so einschneiden, dass das Karoband durchgefädelt werden kann. Achten Sie darauf, dass alle Papierlagen eingeschnitten werden.

Füllen Sie die Lauch-Strudelpäckchen in eine Zellophantüte, die Sie in die Packpapiertüte stecken. So ist die Papiertüte vor Flecken geschützt.

Fädeln Sie zum Abschluss das Band durch die eingeschnittenen Schlitze und binden Sie die Enden auf der Tütenrückseite zu einer schönen Schleife.

Edle Kieselsteine

Markierung fürs Beet

Die Steine sollten möglichst eine glatte und ebene Oberfläche haben. Unebenheiten können mit feinem Schleifpapier geglättet werden.

Bevor Sie die Steine mit Ihrem Wunschtext bestempeln, sollten Sie zunächst einen Probedruck auf Papier durchführen, um festzustellen, wie viel Platz Sie für den Text benötigen.

Für eine genaue Höhenpositionierung der einzelnen Buchstaben markieren Sie die untere Anlegekante mit einem Klebeband auf dem staub- und fettfreien Stein.

Betupfen Sie die Buchstabenstempel mit einer dünnen Schicht Anlegemilch und drücken Sie sie auf den Stein. An Rundungen des Steins rollen Sie die Stempel vorsichtig ab. Nach wenigen Minuten wird das milchige Klebemittel glänzend-transparent, nach 15–20 Minuten Abbindezeit können Sie das Schlagmetall vorsichtig auftupfen. Überschüssiges Metall anschließend mit einem trockenen, weichen Pinsel abstreifen.

Für die Steine mit Herz schneiden Sie aus Masking Tape eine Herzschablone heraus. Sollte das Tape zu schmal sein, legen Sie zwei Streifen mit einer kleinen Überlappung nebeneinander. Kleben Sie die Herzen bzw. die Negativschablone auf die Steine. Damit keine Klebeflüssigkeit unter die Schablone fließt, ist es wichtig, die Schablone fest auf den Untergrund zu reiben. Bepinseln Sie den Stein mit einer dünnen Schicht Anlegemilch, entfernen Sie die Schablonen und verfahren Sie dann wie oben beschrieben.

Hinweis: Kommen die Steine im Außenbereich zum Einsatz, sollten sie nach der Vergoldung mit Klarlack versiegelt werden.

Material

- Kieselsteine in verschiedenen Größen
- Blattmetall in Gold und Silber
- Anlegemilch für Blattmetall
- Buchstabenstempel
- weicher Pinsel
- Schleifpapier
- Masking Tape
- evtl. Klarlack

SALAT
SPINAT

Zucchini-Gemüse mediterran gewürzt

Kochen Sie die Gemüsebrühe mit dem Weißwein in einem Topf auf. Dünsten Sie die Paprika- und Zwiebelwürfel und die roten Bohnen in einer Pfanne in Öl an. Ziehen Sie die Pfanne nach 3–4 Minuten vom Herd und geben Sie Peperoni, Zucchini, Oliven und Kräuter zu. Schmecken Sie alles mit Salz und Pfeffer ab. Das Gemüse in die Gläser füllen und die kochend heiße Flüssigkeit bis zwei Zentimeter unter den Rand in die vorab sterilisierten Einmachgläser gießen.

Legen Sie die Gummiringe und Deckel nass auf die Gläser und verschließen Sie jedes Glas mit zwei Klammern. Stellen Sie die Gläser in einen Bräter, ohne dass sie sich berühren. Gießen Sie ½ Liter heißes Wasser (ca. 80 °C) zu. Erhitzen Sie den Backofen jetzt auf ca. 150 °C.

Sobald die Flüssigkeit in den Gläsern perlt – also in kurzen Abständen Bläschen aufsteigen –, wird die Temperatur auf 130 °C zurückgestellt. Nach weiteren 25 Minuten den Backofen ausschalten und die Gläser im Backofen abkühlen lassen. Entfernen Sie anschließend die Klammern.

Das mediterrane Gemüse ist ca. sechs Monate haltbar.

Serviervorschläge: Das mediterrane Gemüse abtropfen lassen, mit Essig und Öl zu einem Salat anrichten. Auf Wunsch noch etwas Schafskäse würfeln und untermischen. Mit Ciabatta servieren. Oder aber das Gemüse in einer Pfanne mit etwas Öl kurz erhitzen und unter frisch gekochte Nudeln mischen. Mit geriebenem Parmesan bestreuen.

Die Verpackungsidee für das Zucchini-Gemüse finden Sie auf Seite 30/31.

Zutaten für 5–6 Gläser à 300 ml

2 Paprikaschoten, geputzt, entkernt und fein gewürfelt
1 große Zwiebel, geschält und gewürfelt
1 Dose rote Bohnen, 265 g Einwaage, abgetropft
3–4 pikante Peperoni, in Ringe geschnitten
1 Zucchini (ca. 300 g), gewürfelt
4 gehäufte EL schwarze, entsteinte Oliven, in Ringe geschnitten
4 EL frische Kräuter, fein gehackt (Rosmarin, Thymian, Salbei, Majoran)
2 TL Salz
1 TL frisch gemahlener Pfeffer
300 ml Gemüsebrühe
200 ml trockener Weißwein

Ausgefallene Manschetten für das Zucchini-Gemüse

Material
- Sturzglas, 200 ml
- Textilfilz in Naturweiß
- Packpapier
- Zeitschriften
- Klebestift
- Holzknopf
- Zackenschere
- Nadel und Nähfaden
- Stecknadeln

Schneiden Sie die Buchstaben Ihres Wunschtextes aus Zeitschriftenpapier aus. Kleben Sie diese auf einen Packpapierstreifen, dessen Ränder Sie mit einer Zackenschere auf etwa 1,3 cm Breite zurechtschneiden. Ebenfalls mit der Zackenschere schneiden Sie aus dem Textilfilz einen ca. 2,5 cm breiten Streifen aus.

Legen Sie nun den Filz straff um das Glas und fixieren Sie ihn nah am Glas mit Stecknadeln. Es sollten ca. 6 cm des Materials an beiden Enden überstehen. Nähen Sie den Filzstreifen an der mit Stecknadeln markierten Stelle zu einer Banderole zusammen.

Legen Sie danach den beklebten Packpapierstreifen über den Filz, wie auf dem Foto zu sehen, und fixieren Sie ihn, indem Sie einen Holzknopf durch alle Materiallagen hindurch aufnähen.

ZUCCHINI SALAT

Cremige Kürbissuppe im Einmachglas

Dünsten Sie die Kürbis- und Selleriewürfel und die Zwiebeln in Butter an und geben Sie nach zwei Minuten den Knoblauch zu. Dann mit Currypulver bestäuben und mit Weißwein sowie 800 ml Geflügelfond ablöschen. Mit Salz, Pfeffer und Muskat würzen und bei mittlerer Hitze zugedeckt 15 bis 20 Minuten köcheln lassen, bis die Kürbis- und Selleriewürfel weich sind.

Pürieren Sie alles sehr fein und geben Sie noch etwas Geflügelfond hinzu, falls die Suppe noch zu dickflüssig ist. Anschließend gießen Sie die Suppe in die vorab sterilisierten Einmachgläser bis 2 cm unter den Rand. Legen Sie auf die Gläser zunächst die Einkochringe, dann die Deckel, und verschließen Sie die Gläser jeweils mit zwei Federklammern.

Setzen Sie die Gläser auf den Rost des Backofens auf die unterste Schiene. Darunter stellen Sie ein tiefes Blech, das bis zu einer Höhe von 2 cm mit Wasser gefüllt ist. Erhitzen Sie den Backofen auf ca. 180 °C.

Wenn die Flüssigkeit in den Gläsern perlt, schalten Sie den Backofen aus und lassen Sie die Gläser noch weitere 20 Minuten in der Speicherwärme des Herdes stehen. Dann entnehmen Sie die Gläser und stellen sie auf feuchte Küchenhandtücher (auf kalten Flächen können die Gläser zerspringen!).

Die Kürbissuppe ist ca. ein Jahr haltbar.

Serviervorschlag: Die Suppe aufkochen, etwas Sahne zugeben und erneut abschmecken. Heiß servieren.

Die Verpackungsidee für die Kürbissuppe finden Sie auf Seite 34/35.

Zutaten für 3 Einmachgläser à 400 ml

800 g Kürbis (Hokkaido, Muskatkürbis), geschält, entkernt und in Stücke geschnitten
200 g Knollensellerie, geschält und gewürfelt
2 mittelgroße Zwiebeln, geschält und fein gewürfelt
4 EL Butter
1 Knoblauchzehe, geschält und fein gehackt
1–2 EL Currypulver
100 ml trockener Weißwein
800–1000 ml Geflügelfond
Muskat
Salz, Pfeffer

Deckelschmuck

für die Kürbis-Suppe

Material

- Tulpenglas, 500 ml
- Textilfilz in Naturweiß und Orange
- Holzlöffel
- Masking Tape in Orange-Weiß
- Nähgarn in Orange
- Doppelseitiges Klebeband
- Papier oder Pappe
- Zirkel
- Schere
- Embossing-Labelmaker
- Nähmaschine

Fertigen Sie zunächst aus Pappe oder Papier zwei Kreisschablonen mit unterschiedlichen Durchmessern an. Die größere sollte so groß sein, dass sie in die Vertiefung des Glasdeckels passt. Diese Schablone verwenden Sie als Vorlage für den orangefarbenen Filz, die etwas kleinere als Vorlage für den weißen Filz.

Schneiden Sie die Kreise aus dem Textilfilz. In den hellen Filz zwei kleine Schlitze schneiden, die breit genug sind, dass der Stiel des Holzlöffels hindurchpasst. Legen Sie die Kreise etwas versetzt übereinander und nähen Sie sie mit kreisrunden Nähten zusammen. Anschließend ziehen Sie die Fäden auf die linke Seite, verknoten die Fadenenden miteinander und schneiden den Überstand ab.

Bekleben Sie den Löffelstiel mit Masking Tape und stecken Sie ihn durch die Schlitze. Mithilfe des Embossing-Labelmakers prägen Sie Ihren Wunschtext, den Sie anschließend auf den Filz kleben. Mithilfe von doppelseitigem Klebeband können Sie nun den Filzschmuck auf dem Glasdeckel fixieren.

Tipp: Ungeübte sollten runde Nähte zunächst auf einem Reststück üben. Sie können auch einen Papierkreis auf das Werkstück legen und die Naht an dessen Rand führen. Nach einer Runde versetzen Sie den Papierkreis ein paar Millimeter und nähen den nächsten Kreis.

MAHLZEIT
HMM..
LECKER

Kürbis-Blumentopf

herbstlich arrangiert

Material
kleiner Zierkürbis
Nasssteckmasse
Schneebeeren
Ligusterbeeren
Hagebutten
Efeulaub
scharfes Messer
Löffel

Schneiden Sie den Deckel des Kürbisses auf. Mit einem Löffel schaben Sie das Fruchtfleisch heraus. Füllen Sie den entstandenen Hohlraum mit Steckmasse.

Schneebeeren, Ligusterbeeren, Hagebutten und Efeublätter in die Steckmasse stecken. Beginnen Sie dabei in der Mitte und arbeiten Sie sich bis an den Rand vor.

Alternative für den Sommer: Eine Melone – z. B. eine Guadeloupe – eignet sich ebenfalls als „Blumentopf". Auch wenn Sie keine typischen Bauerngarten-Pflanzen sind, gedeihen Melonen bei warmem Wetter ab etwa Mitte Mai auch in unseren Breiten hervorragend, selbst im Freiland. Wählen Sie für das Gesteck entsprechende Sommerblumen und dünne Zweige mit Blättern aus.

Tomaten-Terrine
lecker als Vorspeise

Weichen Sie zunächst fünf Blatt Gelatine fünf Minuten lang in kaltem Wasser ein. In dieser Zeit verrühren Sie (mit einem Schneebesen in einem hohen Behälter) den Tomatensaft mit mediterranen Kräutern, Cayennepfeffer, Salz, Pfeffer und Olivenöl. Abschmecken und eventuell noch nachwürzen.

Die Gelatineblätter aus dem kalten Wasser nehmen und bei mittlerer Temperatur in einem Topf auflösen. 50 ml Tomatensaft dazugeben, mit der Gelatine verrühren und dann weitere 350 ml Tomatensaft zugeben. Gießen Sie den Tomatensaft mit der Gelatine in eine Form und stellen Sie das Ganze für zwei bis drei Stunden kalt, damit die Masse gelieren kann.

Inzwischen verrühren Sie den Fetakäse, die Sahne, das Olivenöl und den Knoblauch zu einer cremigen Konsistenz. Anschließend ziehen Sie die Peperoni und Oliven unter. Verteilen Sie die Creme auf dem gelierten Tomatensaft.

Weichen Sie weitere fünf Blatt Gelatine fünf Minuten lang in kaltem Wasser ein. Die Gelatineblätter aus dem kalten Wasser nehmen und bei mittlerer Temperatur in einem Topf auflösen. Wieder 50 ml Tomatensaft zugeben, mit der Gelatine verrühren und dann noch einmal 350 ml hinzufügen. Gießen Sie den mit der Gelatine verrührten Tomatensaft über die Feta-Creme in die Form und stellen Sie die Form für weitere zwei bis drei Stunden kalt, bis die Masse fest ist. Verschließen Sie die Schale mit dem Deckel. Vor dem Servieren stürzen Sie die Terrine auf eine Platte und schneiden sie in Scheiben auf. Die Terrine sollte frisch verzehrt werden.

Serviertipp: Servieren Sie die Terrine mit frisch geröstetem Bauernbrot.

Die Verpackungsidee für die Terrine finden Sie auf Seite 40/41.

Zutaten für 1 Form à 1 l

Für die Tomaten
10 Blatt Gelatine
800 ml Tomatensaft
3 EL frische, mediterrane Kräuter, Blätter abgezupft und sehr fein gehackt
Cayennepfeffer
Salz, Pfeffer
1 EL Olivenöl

Für die Feta-Füllung
200 g Feta, fein zerdrückt
4–6 TL Sahne
1 EL Olivenöl
1 Knoblauchzehe, fein gerieben
4 pikante Peperoni, in Streifen geschnitten
12 schwarze Oliven, in Ringe geschnitten
frisches Bauernbrot

tomaten·feta·terrine
tomaten·feta·terrine

Schale mit Besteck für die Terrine

Bekleben Sie den Deckel der Aluschale mit der Kopie einer Landkarte aus einem Atlas. Um den südlichen Flair des Gerichtes zu unterstreichen, suchen Sie sich möglichst eine mediterrane Region für die Kopie aus. Natürlich können Sie hierfür auch ein Original verwenden. Je älter die Originalkarte ist, desto mehr Charme hat später die Verpackung.

Bedrucken Sie nun die Holzgabel mithilfe kleiner Buchstabenstempel mit Ihrem Wunschtext. Verschließen Sie die Schale mit dem Deckel, legen Sie das Besteck darauf, umwickeln Sie alles mit einer Kordel und binden Sie abschließend eine Schleife.

Material
- Aluschale
- Fotokopie einer Atlaskarte
- Holzbesteck
- Kordel in Rot-Weiß
- Stempelkissen in Rot
- Buchstabenstempel „mini"
- Klebstoff
- Schere

Leckeres mit Obst

Ein Apfelbaum gehört zum Bauerngarten wie das Huhn zum Ei. Und wenn dann noch Brombeeren, Erdbeeren, Kirschen und andere Früchte dazukommen, wächst schon beim Anblick die Vorfreude auf Leckeres.

brombeer
amaretto
konfitüre
brombeer
amaretto
konfitüre
für dich

fruchtig
frisch
frisch

Himbeeren,
Rhabarber, Äpfel und Co.
sind kleine Vitaminbomben und
daher ausgesprochen gesund –
so schlagen selbst unsere köstlichen
Himbeer-Tartelettes oder die leckere
Brombeer-Amaretto-Marmelade
(fast) nicht auf das Gewissen.
Genießen Sie also ganz unbe-
schwert die sommerlichen
Leckereien.

Himbeertartelettes frischer Sommergenuss

Schlagen Sie die Eier mit dem Zucker schaumig auf, bis sich das Volumen verdoppelt hat. Heben Sie das Backpulver, den Vanillezucker, das Mehl und die Stärke unter. Geben Sie den Teig auf ein rechteckiges, mit Backpapier ausgelegtes Blech. Backen Sie den Biskuitboden bei 180 °C etwa 20–30 Minuten. Anschließend den Teig abkühlen lassen. Mithilfe der Garnierringe acht Kreise à 8 cm Durchmesser ausstechen.

Vermischen Sie den Joghurt und die Limettenschale und rühren Sie dann 60 g Zucker unter. Schmecken Sie die Masse mit Limettensaft ab. Weichen Sie die Gelantine in kaltem Wasser ein, drücken Sie sie aus und lösen Sie sie in einem Topf bei schwacher Hitze auf. Rühren Sie drei Esslöffel der Joghurtmasse unter. Dann den restlichen Joghurt untermischen.

Die Sahne steif schlagen und unter den Joghurt heben. Die Masse in einen Spritzbeutel geben und auf den Biskuitboden spritzen.

Pürieren Sie die Himbeeren mit dem Zucker und streichen Sie die Masse durch ein Haarsieb. Die Gelatine einweichen, ausdrücken und in einem Topf bei schwacher Hitze auflösen. Die Himbeersauce unterrühren, die Masse gleichmäßig über die acht Tartelettes verteilen und diese im Kühlschrank kühl stellen. Die Tartelettes sollten frisch verzehrt werden.

Tipp: Sollten Sie keine Garnierringe besitzen, stechen Sie die Biskuitkreise mit einem Glas aus. Schneiden Sie aus Backpapier acht Streifen zu (ca. 20 cm x 12 cm). Wickeln Sie um jeden Biskuitkreis einen Streifen und fixieren Sie ihn mit Klebestreifen.

Die Verpackungsidee für die Tartelettes finden Sie auf Seite 48/49.

Zutaten für 8 Tartelettes

Für den Teig
4 Eier
125 g Zucker
1 TL Backpulver
1 Pck. Vanillezucker
125 g Mehl
125 g Speisestärke
8 Garnierringe

Für die Mousse
4 Blatt weiße Gelatine
250 g Joghurt
1 unbehandelte Limette, Schale abgerieben, Saft ausgepresst
60 g Zucker
250 ml Sahne, steif geschlagen

Für die Früchte
500 g Himbeeren, geputzt
2 EL Zucker
3 Blatt weiße Gelatine

frisch
fruchtig

Zarte Schirmchen für die Himbeertartelettes

Für das Etikettfähnchen schneiden Sie aus rosafarbenem Tonpapier 1 cm breite Streifen zu, die Sie mit Ihrem Wunschtext bestempeln oder beschriften. Aus einer der schmalen Seiten des Streifens ein Dreieck herausschneiden, sodass eine Doppelspitze entsteht.

Für das Schirmchen schneiden oder stanzen Sie aus Packpapier und Maulbeerpapier Kreise mit einem Durchmesser von etwa 6 cm.

Auf das Spitzenpapier zunächst das Etikett und anschließend den Papierkreis mittig aufkleben. Dann den Papierkreis und die Spitze bis zum Mittelpunkt einschneiden.

Kleben Sie nun die eingeschnittenen Kanten übereinander. Achten Sie darauf, dass das Spitzenmuster fortlaufend bleibt.

Geben Sie nun in die Innenseite der Schirmspitze etwas Heißkleber und drücken Sie in den noch zähen Klebstoff ein etwa 12 cm langes Schaschlikstäbchen.

Material

- Spitzenpapier in Weiß, ø 8–9 cm
- Maulbeerpapier in Pink
- Packpapier
- Tonpapier in Rosa
- Schaschlikstäbchen
- Stempelkissen in Pink
- Heißklebepistole
- Klebstoff
- Buchstabenstempel „mini"
- Stanzer oder Schere

Erdbeer-Rhabarber-Sauce
ein Dessert-Traum

Lassen Sie 400 g Zucker in einem Topf hellbraun karamellisieren (schmelzen) – dabei ständig rühren, denn der Zucker kann schnell anbrennen.

Das Karamell mit dem Kirschsaft ablöschen. Erschrecken Sie nicht, wenn der Zucker zu einer scheinbar steinharten Masse erstarrt. Diese löst sich bei anhaltender Hitzezufuhr langsam wieder auf. Geben Sie die Erdbeeren, den Rhabarber und das Vanillemark hinzu und lassen Sie anschließend alles 20 Minuten auf kleiner Flamme weiter köcheln.

Nun die Masse pürieren. Wenn Sie eine sehr feine Sauce haben möchten – ohne Fasern –, passieren Sie die Sauce außerdem durch ein Haarsieb. Dadurch verringert sich die Menge der Sauce jedoch um gut ein Drittel.

Anschließend kochen Sie die Erdbeer-Rhabarber-Sauce erneut auf und schmecken sie ab. Ist sie Ihnen zu sauer, geben Sie noch etwas Zucker hinzu. Nochmals aufkochen lassen, dann die Sauce kochend heiß in die sauberen Flaschen abfüllen und sofort verschließen.

Die Erdbeer-Rhabarber-Sauce ist ca. ein Jahr haltbar.

Serviervorschlag: Die erfrischende Sauce passt zu Naturjoghurt, Quark, Eis oder Grießbrei.

Die Verpackungsidee für die Erdbeer-Rhabarber-Sauce finden Sie auf Seite 52/53.

Zutaten für 2–3 Flaschen à 250 ml

400–500 g Zucker
600 ml Kirschsaft
400 g Erdbeeren, verlesen und geputzt
200 g Rhabarber, geputzt und in grobe Stücke geschnitten
1 Vanilleschote, der Länge nach aufgeschnitten und das Mark herausgekratzt

Lustige Windrädchen
für die Erdbeer-Rhabarber-Sauce

Übertragen Sie die Vorlage des Windrädchens auf das Zeitungs- und das Origamipapier. Die Quadrate an den durchgezogenen Linien einschneiden und mit einem spitzen Gegenstand oder einer Lochzange an den markierten Stellen ein Loch stanzen. Danach legen Sie die beiden Papierlagen passgenau übereinander.

Nun biegen Sie die gelochten Ecken auf die Quadratmitte. Stecken Sie eine Rundkopfklammer durch alle Löcher. Das Ripsband legen Sie über Kreuz als Manschette um den Flaschenhals und stecken an der Überlappung des Bandes die Rundkopfklammer durch. Spreizen Sie die „Beinchen" der Klammer auf der Rückseite auseinander.

Zuletzt stülpen Sie über den Verschluss ein kleines Stück Zeitungspapier und umwickeln es mit einer Kordel.

Material

- Glasflasche, 250 ml
- asiatische Tageszeitung
- Origamipapier in Grün und Rosa
- Rundkopfklammern in Rosa und Grün
- Kordel in Rosa-Weiß und Grün-Weiß
- Ripsband in Grün und Rosa, 1 cm breit
- Schere

Vorlage Seite 104

Kleine Warenkunde

Blumenpracht im Bauerngarten

Wicken

Stockrose

Die Stockrose ist eine klassische Gartenpflanze, die in unterschiedlichen Farben vorkommt und je nach Sorte gefüllte Blüten aufweist. Früher wurde die Stockrose als traditionelle Heil- und Färberpflanze angebaut, da die Pflanze Wirkstoffe gegen Husten enthält und sich die dunkelroten Blüten zum Färben eignen.

Studentenblume

Wicken

An Zäunen und Gittern ranken sich im Sommer die zarten Wicken empor. Die üppig blühende Kletterpflanze gibt es in vielen verschiedenen Farben. Einige Sorten verströmen einen intensiven Duft.

Stockrose

Studentenblume

Die beliebte Sommerblume, auch unter dem Namen Tagetes bekannt, ist vor allem in Gelb- und Orangetönen anzutreffen. Ältere Sorten der Studentenblume verströmen einen starken Duft, der Schädlinge vertreiben kann. Der Anbau der Studentenblume kann überdies die Qualität des Bodens verbessern.

Rose

Die Königin der Blumen hat natürlich auch im Bauerngarten ihren Platz. Oft wird sie als Hecke oder als Rosenbogen gepflanzt, der Gartenpforten oder Sitzbänken einen schönen Rahmen gibt. In einen Bauerngarten passen natürlich am besten alte Rosensorten, die zudem oft widerstandsfähiger und pflegeleichter als neue Sorten sind.

Rose

Schön und nützlich

Das Besondere an einem Bauerngarten ist, dass sich hier das Nützliche und das Schöne auf ganz besondere Weise verbinden. Neben Gemüse, Beeren und Kräutern haben also auch Blumen einen Platz im Bauerngarten. Diese Blumen sind oft nicht nur Schmuck, sondern übernehmen eine nützliche Rolle im kleinen Bauerngarten-Biotop.

Lupinen

Lupinen

Die großen, kerzenartigen Blütendolden der Lupinen fallen in jedem Garten sofort ins Auge. Sie weisen eine beeindruckende Farbvielfalt auf. Teilweise sind die Blütendolden sogar zweifarbig. Auch die Lupinen tragen – wie die Studentenblumen – zur Verbesserung des Bodens bei.

Sonnenblumen

Sonnenblumen

Die Blume, die den Namen ihrer Eigenschaft verdankt, sich immer nach der Sonne zu richten, ist nicht nur eine optische Bereicherung für jeden Garten, sondern liefert auch nahrhafte Sonnenblumenkerne, die geröstet Backwaren oder Salate verfeinern.

Tuttifrutti der Dessert-Klassiker

Rühren Sie den Pudding aus Milch, Puddingpulver und Zucker nach der Packungsanweisung an.

Spülen Sie eine ausreichend große Puddingform kalt aus und geben Sie ein Viertel der heißen Puddingmasse hinein. Schichten Sie eine Lage Löffelbiskuits darüber, beträufeln Sie sie mit Orangensaft und verteilen Sie 150 g der gemischten Früchte darüber. Gießen Sie von der restlichen Puddingmasse die Hälfte darüber.

Schichten Sie erneut eine Lage Löffelbiskuits auf, beträufeln Sie sie mit Orangensaft, verteilen Sie 250 g der gemischten Früchte darüber und schließen Sie die letzte Schicht mit dem Vanillepudding ab. Streichen Sie die Masse glatt und decken Sie alles mit Frischhaltefolie ab. Mit einem spitzen Messer Löcher in die Folie stechen und den Pudding mindestens vier Stunden kaltstellen.

Pürieren Sie in der Zwischenzeit die Himbeeren mit dem Puderzucker und streichen Sie die Masse durch ein Haarsieb. Stürzen Sie den Pudding aus der Form. Nun können Sie ihn nach Belieben mit Früchten dekorieren oder mit Himbeersauce servieren.

Das Tuttifrutti sollte frisch verzehrt werden.

Die Verpackungsidee für das Tuttifrutti finden Sie auf Seite 58/59.

Zutaten für 1 Puddingform à 1,5 l

1 l Milch
2 Pck. Sahne-Puddingpulver
4 gestrichene EL Zucker
200 g Löffelbiskuits
6 EL Orangensaft
400 g gemischte Beerenfrüchte (zum Beispiel geputzte Erdbeeren, Himbeeren, Brombeeren, Johannisbeeren)
200 g Himbeeren, geputzt
1–2 EL Puderzucker

Für die Sauce:
500 g Himbeeren
2 EL Zucker

TUTTI
FRUTTI

Wimpelgirlande
für das Tuttifrutti

Material

- Scrapbookpapier in Orange und Rosa gemustert
- Buchstabenstempel
- Stempelkissen in Rot
- Faden
- Schaschlikstäbchen
- Klebstoff
- Schere
- Messer oder Cutter

Vorlage Seite 104

Übertragen Sie das Motiv auf buntes Scrapbookpapier und schneiden Sie die kleinen Wimpel aus dem Papier aus. Die Wimpel mit Buchstabenstempeln beschriften, das Papier an der gestrichelten Linie falten und einen Faden in den Falz legen. Nun die einzelnen Wimpel mit Klebstoff am Faden befestigen. Achten Sie dabei auf einen gleichmäßigen Abstand der Wimpel.

Damit die Wimpelkette später nicht verrutschen kann, können Sie die Schaschlikstäbchen zunächst am oberen Ende mit einem Cutter oder Messer leicht einkerben. Um diese entstandenen Fugen nun die Fadenenden wickeln und verknoten.

Kirschen in Portwein

Geistreiches im Glas

Lassen Sie den Zucker in einem Topf hellbraun karamellisieren (schmelzen) – dabei ständig rühren, denn der Zucker kann schnell anbrennen.

Löschen Sie das Karamell mit dem Portwein und Kirschsaft ab. Erschrecken Sie nicht, wenn der Zucker zu einer scheinbar steinharten Masse erstarrt. Sie löst sich bei kontinuierlicher Hitzezufuhr langsam wieder auf. Den Ingwer, die Zimtstangen, die Gewürznelken und das Vanillemark zugeben und ziehen lassen. Die Mischung 20 Minuten auf kleiner Flamme köcheln lassen.

Schichten Sie die entsteinten Kirschen in die sterilisierten Gläser. Die Gewürznelken und Zimtstangen aus dem Sud entfernen. Bringen Sie den Kirsch-Portwein-Sud zum Kochen und gießen Sie den heißen Sud über die Kirschen. Dann die Gläser verschließen und für fünf Minuten auf den Kopf stellen.

Lassen Sie die Kirschen mindestens zwei Wochen ziehen, bevor Sie sie servieren.

Die Kirschen in Portwein sind ca. ein Jahr haltbar.

Serviervorschlag: Die Kirschen schmecken ausgezeichnet zu Wild oder zu einem Fleisch-Fondue, aber auch zu Süßspeisen wie Grießpudding oder heiß serviert zu Vanilleeis.

Die Verpackungsidee für die Kirschen in Portwein finden Sie auf Seite 62/63.

Zutaten für 3 Gläser à 300 ml

500 g Zucker
300 ml Portwein
200 ml Kirschsaft
2 cm frischer Ingwer, geschält und in hauchdünne Scheiben geschnitten
2 Zimtstangen
2 Gewürznelken
1 Vanilleschote, der Länge nach aufgeschnitten, das Mark herausgeschabt
1 kg Sauerkirschen, gewaschen und entsteint

IN PORTWEIN
IN PORTWEIN

Deckelhäubchen für die Kirschen in Portwein

Für die Deckelhauben schneiden Sie aus Stoff Kreise aus, die einen ca. 6 cm größeren Durchmesser haben als die Deckel der Gläser.

Nähen Sie zwei rote Knöpfe als Kirschen auf den Stoff und sticken Sie Stiel und Blatt mit grünem Perlgarn (siehe Vorlage) auf. Verknoten Sie die Fadenenden auf der Rückseite und schneiden Sie die Überstände ab.

Legen Sie das Stoffhäubchen auf den Glasdeckel und binden Sie eine rote Kordel herum.

Die einzelnen Buchstaben Ihres Wunschtextes prägen Sie mit dem Embossing-Labelmaker. Kleben Sie die Buchstaben auf einen Kartonstreifen, den Sie danach auf farbigen Fotokarton kleben, sodass ein schmaler Rand übersteht. Falten Sie das Etikett an einem Ende und haken Sie den Falz in die Kordel ein.

Material

- Kugelglas
- Stoffe in Rot-Weiß gemustert
- Knöpfe in Rot
- Perlgarn in Grün
- Kordel in Rot
- Nähgarn in Rot
- Fotokarton in Naturweiß, Rot und Grün
- Klebstoff
- Nähnadel
- Schere
- Embossing-Labelmaker

Vorlage Seite 104

Kleine Apfellichter

Sommerabendstimmung

Material

Äpfel
Teelichter
Zitronensaft
Fruchtentkerner
Teelöffel
Messer

Apfel als Teelichthalter

Entfernen Sie das Gehäuse des Apfels mit einem Fruchtentkerner. Schneiden Sie auf der Oberseite des Apfels das Fruchtfleisch heraus. Nehmen Sie hierfür ein Teelicht als Schablone, an dessen Rand entlang Sie mit einem schmalen Messer die Kontur einschneiden, sodass die Kerze in die Vertiefung passt.

Apfel als Windlicht

Entfernen Sie mit dem Fruchtentkerner das Gehäuse des Apfels. Auf der Unterseite des Obstes schneiden Sie eine Öffnung in der Größe eines Teelichts. Schaben Sie von dort den Apfel aus, sodass die äußere Hülle nicht dünner als 5 mm ist. Für ein schönes Lichtspiel bohren Sie mit dem Fruchtentkerner weitere Löcher in die Außenhülle.

Beträufeln Sie alle Schnittflächen mit Zitronensaft, um das Fruchtfleisch vor Oxidation zu schützen.

Brombeer-Amaretto-Konfitüre raffiniert kombiniert

Waschen Sie die Brombeeren und geben Sie diese in einen Topf. Lassen Sie die Masse etwa acht bis zehn Minuten bei mittlerer Temperatur zu einem stückigen Mus einkochen. Ist Ihnen das Mus zu grob, pürieren Sie es kurz.

Rühren Sie anschließend die Mandeln, den Amaretto und den Gelierzucker unter und bringen Sie die Fruchtmasse unter ständigem Rühren zum Kochen. Die Masse vier Minuten sprudelnd kochen lassen. Machen Sie eine Gelierprobe.

Füllen Sie die Konfitüre mithilfe eines Trichters in die vorab sterilisierten Schraubdeckel-Gläser randvoll ab. Verschließen Sie die Gläser und stellen Sie sie auf die Deckel. Die Gläser etwas abkühlen lassen und wieder umdrehen.

Die Brombeer-Amaretto-Konfitüre ist ca. ein Jahr haltbar.

Serviervorschlag: Einen Esslöffel der Konfitüre zum Bratensatz einer Entenbrust oder eines Wildbratens geben und mit einem kräftigen Rotwein ablöschen, mit Salz und Pfeffer abschmecken – und schon haben Sie eine pikante Sauce zum Fleisch.

Die Verpackungsidee für die Brombeer-Amaretto-Konfitüre finden Sie auf Seite 68/69.

Zutaten für 6 Gläser à 200 ml

800 g Brombeeren
100 g Mandeln, gestiftelt
200 ml Amaretto
500 g Gelierzucker 1:2

Gläserschmuck

für die Brombeer-Amaretto-Konfitüre

Material

- Rundglas, 225 ml
- Stoffe in Lilatönen
- Webband in Lila
- überziehbare Knöpfe
- Stempelkissen in Weiß für glatte Untergründe (Glas)
- Buchstabenstempel „mini"
- Schere

Um das Glas bestempeln zu können, benötigen Sie spezielle, lösungsmittelhaltige Stempelfarbe. Damit betupfen Sie die Buchstabenstempel. Drücken Sie diese vorsichtig auf das saubere und fettfreie Glas. Beachten Sie dabei, dass durch den glatten Untergrund der Stempel schneller wegrutschen kann als auf Papier. Misslungene Abdrücke lassen sich aber ganz einfach mit etwas Nagellackentferner oder Reinigungsbenzin wieder entfernen. Die Stempelfarbe ist nach wenigen Minuten trocken.

Für die Stoffhaube schneiden Sie einen Stoffkreis aus, dessen Durchmesser ca. 7 cm größer ist als der des Deckels.

Mit dem Stoffrest beziehen Sie nach Herstellerangaben einen beziehbaren Knopf und fädeln diesen auf das Webband. Mit dem Webband fixieren Sie dann das Stoffhäubchen auf dem Deckel des Glases.

brombe
amarett
konfitür

Sauerkirsch-Johannisbeer-Saft

Fruchtgenuss zum Trinken

Zutaten für 4 Flaschen à 500 ml

2 kg Sauerkirschen, gewaschen
500 g schwarze Johannisbeeren, gewaschen
Saft einer Zitrone
400 ml Wasser
250 g Zucker

Geben Sie die Kirschen, die Johannisbeeren und den Zitronensaft in einen hohen Topf, gießen Sie das Wasser dazu und rühren Sie den Zucker unter. Legen Sie einen dicht schließenden Deckel auf den Topf. Alles bei mittlerer Hitze erhitzen und 15 Minuten sprudelnd kochen lassen. Den Topf vom Herd ziehen und 30 Minuten ruhen lassen.

Nehmen Sie ein 80 cm x 80 cm großes Mulltuch, kochen Sie es in Essigwasser aus und wringen Sie es heiß aus. Die Zipfel an die Beine eines Hockers binden, der auf der Sitzfläche steht. Ein Gefäß mit weiter Öffnung unter das Tuch stellen. Den Inhalt des Topfes in das Mulltuch schütten und den Saft ablaufen lassen, bis die Rückstände sich fast trocken anfühlen.

Kochen Sie den Saft am nächsten Tag bei starker Hitze schnell auf. Füllen Sie den Saft durch einen Trichter kochend heiß in Flaschen ab, die vorher heiß ausgespült wurden, und verschließen Sie die Flaschen sofort.

Der Sauerkirsch-Johannisbeer-Saft ist ca. ein Jahr haltbar.

Die Verpackungsidee für den Sauerkirsch-Johannisbeer-Saft finden Sie auf Seite 72/73.

Verzierte Strohhalme

für den Sauerkirsch-Johannisbeer-Saft

Material

- Bügelflasche, 500 ml
- Trinkhalme aus Papier (Paper Straws)
- Papier mit Metallicglanz in Lila
- Tonpapier in Naturweiß
- Kordel in Lila-Weiß
- Stempelfarbe in Lila
- Stempel „für dich", „Sterne" und „Punkte"
- Klebstoff
- Schere oder Cutter

Für das Fähnchen bestempeln Sie ein 2 cm x 7 cm großes Rechteck aus Tonpapier mit dem Text „für dich". Danach aus einer der schmalen Seiten ein Dreieck herausschneiden, sodass eine Doppelspitze entsteht.

Für den Untergrund fertigen Sie ein 2,6 cm x 7,6 cm großes Rechteck aus Metallicpapier und schneiden ebenso ein Dreieck an einer der schmalen Seiten heraus. Auf der gegenüberliegenden Seite zwei Schlitze einschneiden, die so breit sind, dass der Trinkhalm hindurchpasst. Kleben Sie das bestempelte Papier auf das Metallicpapier.

Für den runden „Topper" aus Metallicpapier einen 5 cm großen Kreis aus Metallicpapier schneiden oder stanzen. In das Papier werden dann zwei Schlitze geschnitten, die ebenfalls so breit sind, dass der Trinkhalm hindurchpasst. Aus dem Tonpapier schneiden oder stanzen Sie Kreise mit einem Durchmesser von 4,4 cm, die Sie mit Punkten oder Sternen bestempeln können. Kleben Sie diese Kreise anschließend auf den lilafarbenen Untergrund.

Wickeln Sie die Kordel mehrmals um Trinkhalme und Flasche und verknoten Sie die Enden.

für dich
für dich

Köstlichkeiten mit Kräutern

Kräuter verleihen vielen Gerichten erst ihren typischen Geschmack und haben eine lange Verwendungstradition. Über die Jahrhunderte sind Kräuter aus aller Herren Länder auch in unserer Küche heimisch geworden.

...aus meinem Garten!
MIT ♡
VON HAND
mit Kräutern...
WOHLSCHMECKEN
IM
BLATTSALAT
VORZÜGLI
ZU
FISCH

schalotten
schalottenessig

Guten
Appetit!

Der würzige
Duft von Rosmarin und
Thymian weckt selbst im
Winter Erinnerungen an einen
herrlichen Sommer im Garten. Wir
haben ganz unterschiedliche Kräuter-
rezepte für Sie zusammengestellt –
vom Suppengewürz über
provençalisches Öl bis hin
zur Kräuterbrottorte.

Schalottenessig für Salate

Geben Sie in jede Flasche vier Perlzwiebeln, einen Estragonzweig, ein bis zwei Lorbeerblätter und eine Pfefferschote. Gießen Sie alles mit Essig auf – achten Sie darauf, dass alle Zutaten komplett mit Essig bedeckt sind – und verschließen Sie die Flasche.

Lassen Sie den Essig mindestens zwei Wochen ziehen, bevor Sie ihn das erste Mal verwenden. Gießen Sie den Essig durch ein Sieb, reinigen Sie die Flaschen und geben Sie den Essig zurück in die Flaschen. Andernfalls kann das Aroma zu intensiv werden und der Essig „kippen".

Der Schalottenessig hält sich ca. ein Jahr.

Serviervorschlag: Der Essig passt ausgezeichnet zu kräftigen Salaten mit einer Bitternote wie Endivie, Chicorée oder Rucola.

Die Verpackungsidee für den Schalottenessig finden Sie auf Seite 80/81.

Zutaten für 3 Flaschen à 300 ml

12 Perlzwiebeln oder
3 Schalotten, geschält
3 Zweige Estragon
3–6 Lorbeerblätter
3 Pfefferschoten
1 l Weißweinessig

schalottenessig
schalottenessig
schalottenessig

Modellierte Etiketten für den Schalottenessig

Rollen Sie die Modelliermasse in einer Stärke von ca. 5 mm gleichmäßig aus. In die noch weiche Masse vorsichtig die Buchstabenstempel eindrücken und mit einem spitzen Gegenstand ein Loch für die Befestigung bohren. Schneiden Sie dann die Modelliermasse an allen Seiten gerade ab. Nach wenigen Stunden ist die Masse durchgehärtet und getrocknet.

Für den Untergrund können Sie aus rotem Filz ein Rechteck schneiden, das an allen Seiten etwa 2 mm breiter ist als der Anhänger aus Modelliermasse. Schneiden Sie mit einer spitzen Schere ein kleines Loch in den Filz. Die rote Baumwollkordel fädeln Sie durch den Filz und den Anhänger aus Modelliermasse.

Für das Stoffhäubchen mit der Zackenschere ein 11 cm x 11 cm großes Quadrat ausschneiden und mit der Kordel an der Flasche befestigen.

Material

- Glasflasche, 250 ml
- Stoff in Rot-Weiß kariert und gestreift
- lufttrocknende Modelliermasse in Weiß
- Filz in Rot
- Baumwollkordel in Rot
- Buchstabenstempel „mini"
- Messer
- glatte Unterlage
- Schere
- Zackenschere

Liebstöckel-Walnuss-Pesto aus dem Bauerngarten

Trocknen Sie die Liebstöckelblätter und das Petersiliengrün gründlich mit Küchenkrepp. Rösten Sie die Walnussstücke in einer Pfanne ohne Fett und schütten Sie die Nüsse zum Abkühlen in eine Schüssel.

Mischen Sie die Liebstöckelblätter, das Petersiliengrün und die Walnüsse mit dem Sonnenblumenöl, pürieren Sie alles und mischen Sie den Parmesan unter. Das Pesto sollte eine sämige Konsistenz haben. Schmecken Sie die Mischung mit Kürbiskernöl und mit etwas Salz ab.

Das Pesto bis ca. 1 cm unter den Rand in die sterilisierten Gläser füllen. Dann jedes Glas mit dem Boden zwei- bis dreimal kräftig auf die Arbeitsfläche klopfen, damit eventuelle Hohlräume aufgefüllt werden. Gießen Sie zum Schluss noch etwas Sonnenblumenöl über das Pesto und schließen Sie die Gläser. Das Pesto sollte kühl aufbewahrt werden. Die Haltbarkeit verlängert sich, wenn Sie die Oberfläche mit Öl versiegeln, nachdem Sie Pesto entnommen haben.

Das Pesto ist im Kühlschrank gelagert vier bis sechs Wochen haltbar.

Serviervorschlag: Das Pesto passt ausgezeichnet zu Nudeln, aber auch auf Cremesuppen geträufelt ist es sehr lecker. Mit Pesto bestrichene geröstete Brotschreiben sind eine schöne Vorspeise

Die Verpackungsidee für das Pesto finden Sie auf Seite 84/85.

Zutaten für 3 Gläser à 100 ml

1 Bund Liebstöckel, geputzt, abgezupfte Blätter, ca. 80 g
5 Stiele glatte Petersilie, ca. 20 g, nur das Grün
50 g geschälte Walnusskerne, grob gehackt
100 ml Sonnenblumenöl
50 g frisch geriebener Parmesan
1 EL Kürbiskernöl
Salz (auf Wunsch Meersalz)

Liebstöckel-
Spinat-Pesto
Liebstöckel-
Spinat-Pesto
Liebstöckel-
Spinat-Pesto
Guten
Appetit!
Guten
Appetit!
Guten
Appetit!

Tütenschachteln für das Liebstöckel-Pesto

Material
Rundglas, 108 ml
Scrapbook-Papier in Hellgrün
Tonpapier in Naturweiß
Packpapier
Rundkopfklammer in Hellgrün, ø 8 mm
Naturbast in Hellgrün
Stempel „Textfeld"
Stempelkissen in Schwarz
Schere oder Cutter
Klebestift

Vorlage Seite 105 und 107

Übertragen Sie das Motiv auf die Rückseite des Scrapbook-Papiers und schneiden Sie es entlang der durchgezogenen Linien mit der Schere oder dem Cutter aus. Für die Falze legen Sie ein Lineal an die gestrichelten Linien und fahren daran mit dem Falzbein entlang. An den so entstandenen Rillen lässt sich der Karton einfach und sauber falten. Die gepunktete Linie falzen Sie von der Kartonvorderseite aus.

Bekleben Sie die Laschen mit doppelseitigem Klebeband und verbinden Sie zunächst die seitliche Lasche mit einer der Seitenwände. Fixieren Sie danach den Boden.

Für den Anhänger mithilfe des Computers Ihren Wunschtext (Schriftart „Courier") schreiben, ausdrucken und anschließend ringsherum ein Textfeld auf das Tonpapier stempeln. Wer hat, kann zum Schreiben auch eine Schreibmaschine benutzen.

Auf das obere Drittel kleben Sie nun zwei unterschiedlich große Papierkreise aus Packpapier und Tonpapier. Stanzen Sie ein kleines Loch durch Anhänger und Schachtel und verbinden Sie beides mit einer grünen Rundkopfklammer.

Für das Glashäubchen aus Packpapier einen Kreis zuschneiden, dessen Durchmesser 6 cm größer ist als der des Deckels. Einen Tonpapierstreifen beschriften und bestempeln, über den Papierkreis legen und mit Bastband fixieren.

Samentütchen

Gartenglück aus der Tüte

Erstellen Sie mithilfe von Computer und Drucker die Anwendung und Pflegehinweise der jeweiligen Kräuter auf das Transparentpapier (Schriftart „Courier"). Sofern vorhanden, können Sie hierfür auch eine Schreibmaschine benutzen. Natürlich können Sie den Text auch mit einem Filzstift von Hand schreiben. Schneiden Sie anschließend das Transparentpapier auf die Breite und Höhe der Pergamintüten zurecht.

Für das Etikett schreiben Sie den Namen der jeweiligen Kräutersamen auf naturweißen Fotokarton und schneiden diesen anschließend auf die Größe 3 cm x 6,5 cm zu. Schrägen Sie an einer kurzen Seite die Ecken ab, stanzen Sie ein Loch in den Anhänger und bekleben Sie diesen mit einem Lochverstärker.

Aus Papierresten schneiden oder stanzen Sie außerdem einige Kreise mit einem Durchmesser von ca. 1,5 cm, die Sie als Streudeko mit in die Tüten geben können.

Stecken Sie nun das Transparentpapier und die Samen in die Tüte. Dann legen Sie das Etikett auf diese Tüte und verschließen die Tütenöffnung mit einem Zickzackstich.

Material

- Kräutersamen
- Pergamintüten, 7,5 cm x 10 cm
- Transparentpapier in Weiß, A4
- Fotokarton in Naturweiß
- Tonpapier in Naturweiß, Gelb, Rosa und Grün
- Lochverstärker
- Nähgarn
- Nähmaschine
- Schere oder Cutter
- Lochzange

zitronenmelisse
gartenkresse
basilikum
dill

Kleine Warenkunde

Blütengenuss im Bauerngarten

Ringelblume

Lavendel

Ursprünglich im Mittelmeerraum beheimatet, gedeiht der Lavendel auch in milderem Klima in unseren Breiten. Die Blüten sind die Grundlage des intensiv duftenden Lavendelöls, können aber auch in der Küche verwendet werden, z. B. um Zucker zu aromatisieren.

Kapuzinerkresse

Ringelblume

Die Ringelblume ist im Bauerngarten eine oft anzutreffende Pflanze, da sie pflegeleicht und robust ist. Die Blütenblätter der Ringelblume werden getrocknet und können als Tee aufgegossen oder zu einer entzündungshemmenden Salbe weiterverarbeitet werden.

Lavendel

Kapuzinerkresse

Die Blüten der Kapuzinerkresse leuchten in kräftigen Gelb-, Orange- und Rottönen. Für die Küche eignen sich sowohl Blüten als auch Blätter. Sie zeichnen sich durch einen scharfen Geschmack aus und geben Salaten oder Gewürzölen etwas ganz Besonderes.

Holunder

Die weißen Blütendolden des Holunders verströmen einen sehr intensiven Duft, der Sirup, Likör und Limonade einen unverwechselbaren Geschmack verleiht. Sehr beliebt sind außerdem in Teig ausgebackene Holunderblüten.

Holunder

Gaumenfreuden

Die Blütenpracht im Bauerngarten ist nicht nur ein Augenschmaus. Manche Blüten sind auch eine wahre Gaumenfreude. Aus Holunder- und Lavendelblüten lassen sich kleine Leckereien wie Sirup oder Aromazucker herstellen, Kapuzinerkresse verfeinert Salate und Ringelblumen werden getrocknet als gesunder Teeaufguss genossen.

Zucchini

Zucchini

Besonders in der italienischen Küche sind Zucchiniblüten beliebt. Gefüllt oder ausgebacken werden sie gerne als Antipasto serviert. Auch Kürbisblüten lassen sich auf diese Weise zubereiten.

Borretsch

Borretsch

Borretsch ist im Kräuterbeet leicht an seinen leuchtend blauen (im Frühjahr rosafarbenen) Blüten zu erkennen. Diese Blüten verfeinern nicht nur Salate, sondern sind auch kandiert als Konfekt ein Genuss.

Provençalisches Öl für die Aromaküche

Die Chilischoten mit einer Gabel zweimal einstechen, sodass sie einige kleine Löcher bekommen. Brausen Sie die Kräuterzweige vorsichtig ab, schütteln Sie sie trocken und legen Sie Rosmarin, Thymian, Salbeiblätter und Chilischoten für drei bis vier Tage auf ein Küchentuch.

Verteilen Sie nun die Kräuterzweige, Chilischoten und Knoblauchzehen gleichmäßig auf die drei Flaschen und füllen Sie die Flaschen mit dem Öl auf. Bitte achten Sie darauf, dass die Zweige komplett mit Öl bedeckt sind, damit kein Schimmel entsteht. Die verschlossenen Flaschen mindestens zwei Wochen an einem kühlen, dunklen Ort ziehen lassen, damit das Aroma der Kräuter sich voll entfalten kann.

Das Öl ist ca. sechs Monate haltbar.

Tipp: Wer das Öl weniger scharf haben möchte, sollte nach den zwei Wochen die Chilischoten entfernen. Denn je länger diese im Öl ziehen, umso schärfer wird es.

Serviervorschlag: Das Öl passt ausgezeichnet zu leichten Blattsalaten. Kurz vor dem Servieren auf gegrillten Fisch, Paprika, Aubergine und Zucchini geträufelt, gibt es diesen eine besondere Note. Auch Crostini bekommen durch ein paar Tropfen des Öls ein wunderbar würziges Aroma.

Die Verpackungsidee für das Öl finden Sie auf Seite 92/93.

Zutaten für 3 Flaschen à 300 ml

3 Rosmarinzweige
6 Thymianzweige
3 Salbeiblätter
3–6 kleine, rote Chilischoten
3 Knoblauchzehen, geschält
1 l Sonnenblumenöl

Beschriftete Bügelflaschen für das provençalische Öl

Material
Bügelflasche, 200 ml
Schleifenband in Rot-Weiß gestreift
Embossing-Labelmaker
Schere

Für das Etikett prägen Sie mit dem Embossing-Labelmaker Ihren Wunschtext. Hierbei können Sie z.B. neben dem Inhalt auch dessen Bestimmung und mögliche Verwendung in der Küche angeben. So geben Sie dem Beschenkten wertvolle Tipps, für welche Gerichte sich dieses Öl besonders gut eignet.

Legen Sie das Streifenband über den Verschluss der Bügelflasche und fixieren Sie dieses mit einem der beschrifteten Klebeetiketten. Über das zweite Ende des Bandes einen weiteren Aufkleber kleben und damit die Flasche versiegeln. Abschließend kleine Dreiecke aus den Enden des Bandes schneiden, sodass Doppelspitzen entstehen.

ZU
FISCH

Kräuterbrottorte

Schicht für Schicht ein Genuss

Liptauer Brotaufstrich
Verrühren Sie den Quark, die saure Sahne und die weiche Butter zu einer homogenen Masse. Schmecken Sie alles mit Pfeffer, Kümmel und Paprika ab. Ziehen Sie jetzt die gewürfelten Zwiebeln, Gurken, Essiggurken, Paprika, Kräuter und Kapern und, wenn Sie mögen, die gewürfelten Sardellen unter.

Tomaten-Ei-Aufstrich
Verrühren Sie die Butter mit der sauren Sahne, dem Schnittlauch und dem Senf. Schmecken Sie alles mit Salz und Pfeffer ab. Heben Sie die Eier und die Tomaten unter.

Die Tortenschichtung
Schneiden Sie den Brotlaib zweimal (nach Wunsch dreimal) quer durch. Streichen Sie auf die unterste Brotscheibe den Liptauer Aufstrich, legen Sie die zweite Brotscheibe auf und streichen Sie darauf den Tomatenaufstrich. Es empfiehlt sich, den Deckel bereits in Tortenstücke zu schneiden, bevor Sie ihn auflegen, dann können Sie die Torte später leichter und vor allem sauberer aufschneiden. Die Torte ist zwei Tage haltbar.

Tipp: Die beiden Füllungen können Sie selbstverständlich auch zu frischem Bauernbrot servieren. Sie sind einzeln im Kühlschrank etwa drei Tage haltbar.

Die Verpackungsidee für die Kräuterbrottorte finden Sie auf Seite 98/99.

Zutaten für 1 Brotlaib à 1 kg

Für den Liptauer Brotaufstrich
300 g Quark
150 g saure Sahne
75 g Butter, zimmerwarm
1 TL Kümmel
1 EL Paprikapulver, rosenscharf
2 EL Kapern, gehackt
1 Zwiebel, fein gewürfelt
½ Gurke, entkernt und gewürfelt
3 Essiggurken, gewürfelt
1 Paprikaschote, entkernt und gewürfelt
4 EL frische Kräuter (Petersilie, Schnittlauch, Basilikum, Dill etc.), fein gehackt
auf Wunsch 4 Sardellen, gewürfelt
Salz, Pfeffer

Für den Tomaten-Ei-Aufstrich
100 g Butter, zimmerwarm
200 g saure Sahne
5 EL Schnittlauch, in feine Röllchen geschnitten
2 TL Senf
4 Tomaten, halbiert, entkernt und gewürfelt
4 Eier, hartgekocht und grob gehackt
Salz, Pfeffer

Kleine Botschaften für die Kräuterbrottorte

Material
Graupappe
Tafelgrund
Schaschlikstäbchen
Kreidestift
Masking Tape
Pinsel
Cutter
Schleifpapier

Vorlage Seite 106

Übertragen Sie die Sprechblasen auf Graupappe und schneiden Sie sie mit einem Cutter aus. Unsaubere Schnittkanten lassen sich mit Schleifpapier glätten.

Tragen Sie den Tafelgrund auf die Graupappe auf. Wiederholen Sie den Vorgang so oft, bis die Tafelfarbe deckt. Nachdem die Farbe getrocknet ist, können Sie die Sprechblasen mit einem Kreidestift beschriften.

Mit Masking Tape können Sie anschließend die Schaschlikstäbchen an den Rückseiten der Pappe befestigen. Auch Heißkleber oder Flüssigklebstoff ist dazu geeignet. Zuletzt stecken Sie die Holzspieße in die Brottorte.

MIT ♡ VON HAND
...aus meinem Garten!
mit Kräutern...
für dich gemacht!
GUTEN APPETIT!

Aromatisches Suppengewürz für eine feine Bouillon

Wiegen Sie alle vorbereiteten Zutaten ab und geben Sie alles – bis auf das Salz – in eine Schüssel. Die Masse muss 700 g ergeben. Nun das Salz zugeben und in einem Mixer alles fein pürieren.

Füllen Sie die Würzpaste randvoll in vorab sterilisierte Twist-Off-Gläser. Nehmen Sie jedes Glas und klopfen Sie den Boden der Gläser zwei- bis dreimal kräftig auf die Arbeitsfläche. Damit werden Hohlräume aufgefüllt. Dann die Gläser schließen. Bewahren Sie die Würzpaste kühl auf.

Durch die hohe Salzmenge hält sich die Gewürzpaste im Kühlschrank bis zu einem Jahr.

Serviervorschlag: Die Würze kann wie Gemüsebrühe verwendet werden. Einfach mit kochendem Wasser übergießen, verrühren und schon hat man eine heiße Bouillon. Aber auch zum Verfeinern von Suppen, Saucen, Reis oder Salatdressings kann man die Würze ausgezeichnet einsetzen.

Die Verpackungsidee für das Suppengewürz finden Sie auf Seite 102/103.

Zutaten für 4 Gläser à 250 ml

200 g Möhren, geschält und gewürfelt
100 g Knollensellerie, geschält und gewürfelt
100 g Staudensellerie, geputzt und gewürfelt
100 g Lauch, geputzt und geschnitten
100 g Petersilienwurzel, geschält und gewürfelt
100 g Kohlrabi, geschält und gewürfelt
2–3 Zweige glatte Petersilie, grob gehackt
2–3 Zweige Selleriegrün, grob gehackt
2–3 Zweige Liebstöckel, nur die Blätter, grob gehackt
100 g Meersalz (genau abwiegen)

Blätterzier für das Suppengewürz

Schneiden Sie ein 42 cm x 42 cm großes Stoffquadrat zurecht. Schlagen Sie alle Ränder zweimal ein und bügeln Sie die Bruchkanten. Die Ränder füßchenbreit absteppen, die Fäden auf die linke Seite ziehen, verknoten und die Überstände abschneiden.

Für den Anhänger schneiden Sie aus dem Knautschpapier verschieden große blattförmige Teile aus. Legen Sie die Blätter übereinander und fixieren Sie die Papierlagen mit einer mittigen Naht.

Für das Etikett aus naturweißem Knautschpapier ein 4,5 cm x 2,7 cm großes Rechteck ausschneiden und bestempeln. Das bestempelte Papier auf ein etwas größeres Stück Packpapier legen. Lassen Sie beim Ausschneiden einen 2 mm breiten Rand stehen.

Schneiden Sie aus dem Knautschpapier kleine Blätter, die Sie mit einer Naht an dem Etikett befestigen. Das Etikett mit doppelseitigem Klebeband am Glas anbringen.

Wickeln Sie das Gewürzglas in dem Stofftuch ein und verknoten Sie die Stoffecken miteinander. Nun muss nur noch der Blattanhänger mit einer Sicherheitsnadel am Stoffsäckchen befestigt werden.

Material

- Quadratglas, 260 ml
- Baumwollstoff in Grün kariert oder Beige
- Nähgarn in Rot
- Knautschpapier in Naturweiß, Grün und Natur
- Packpapier
- Sicherheitsnadel
- Stempelkissen in Rot
- doppelseitiges Klebeband
- Stempel zum Selbersetzen
- Nähmaschine
- Schere
- Lochstanzer

SUPPENGEWÜRZ

Vorlagen

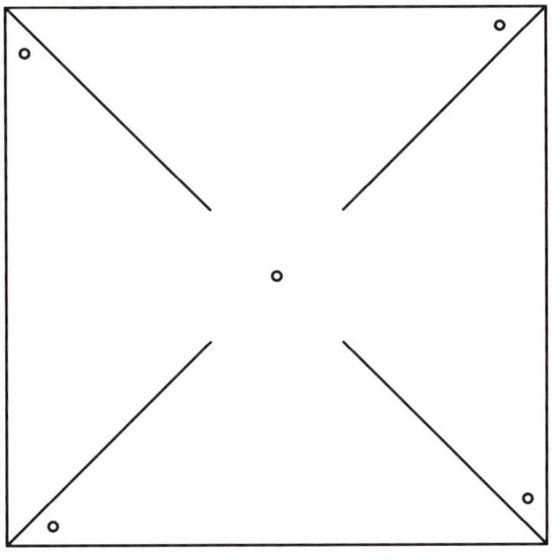

Lustige Windrädchen
Seite 52/53

Deckelhäubchen
Seite 62/63

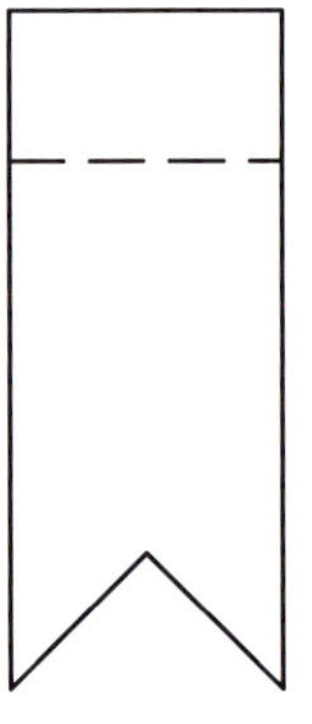

Wimpelgirlande
Seite 58/59

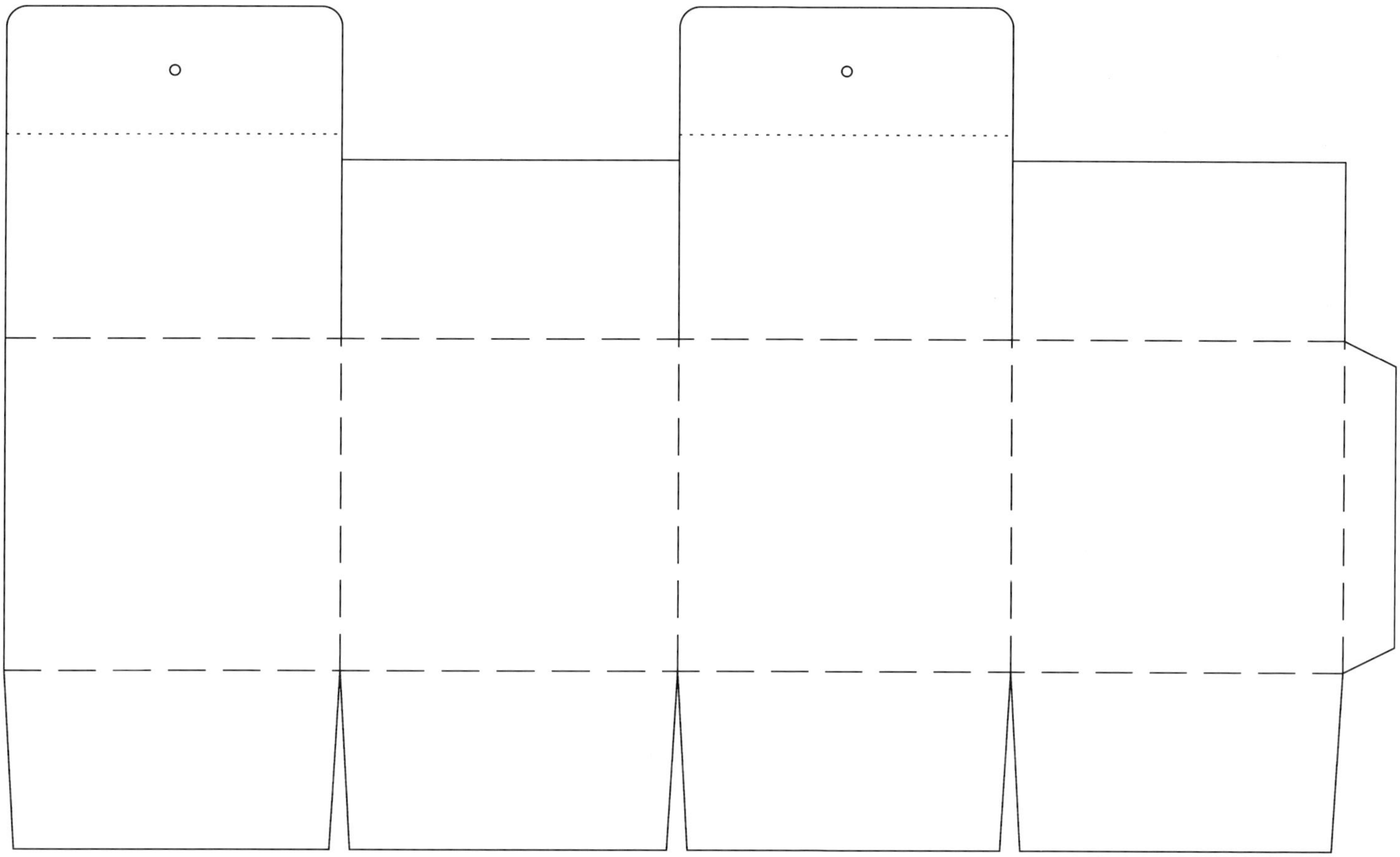

Tütenschachteln

Seite 84/85

Die Vorlage auf 142 % vergrößern

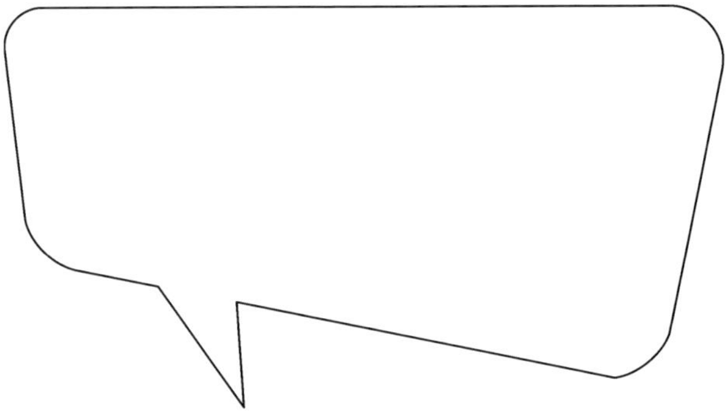

Kleine Botschaften

Seite 98/99

Tütenschachteln

linke Seite und
rechte Seite
Seite 84/85

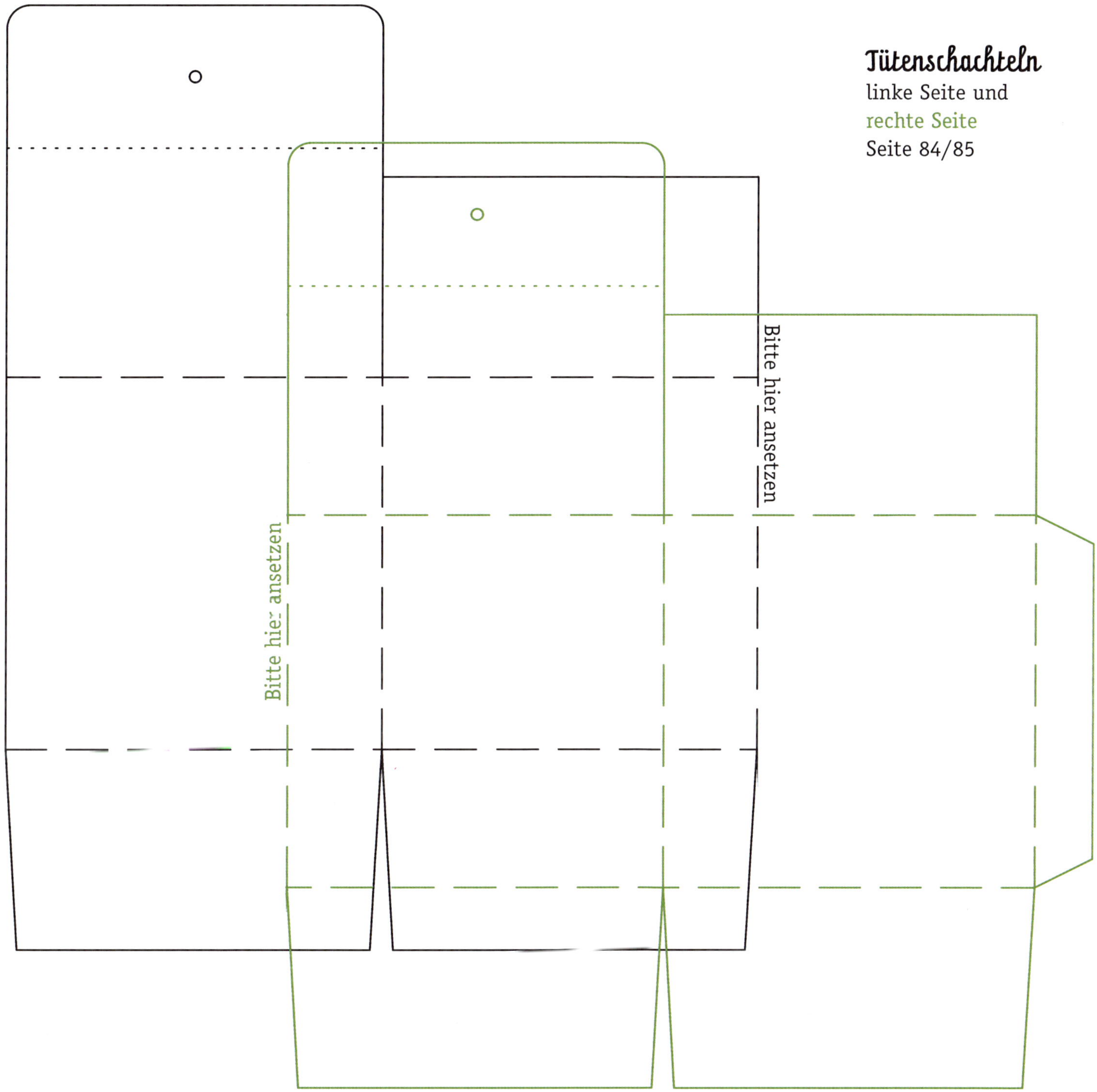

In der kreativen Manufaktur entsteht Einmaliges und Unverwechselbares. Hier werden schöne Dinge noch mit Liebe und Leidenschaft von Hand gefertigt und mit Sorgfalt verpackt.

Die Welt der kreativen Manufaktur umfasst liebevoll gestaltete Bücher und ein umfangreiches Produktsortiment zum Thema „Schenken und Verpacken".

TOPP 5904
978-3-7724-5904-7

TOPP 5905
978-3-7724-5905-4

TOPP 5906
978-3-7724-5906-1

TOPP 5907
978-3-7724-5907-8

TOPP 5908
978-3-7724-5908-5

TOPP 5910
978-3-7724-5910-8

TOPP 5911
978-3-7724-5911-5

Schenken und Verpacken
mit der kreativen Manufaktur

Im Design der kreativen Manufaktur gibt es auch Etiketten, Geschenkanhänger, Dosen, Schachteln und vieles mehr. Sie sind über den gut sortierten Buchhandel oder www.kreative-manufaktur.de erhältlich.

8 Geschenkschachteln
Art. Nr. 9125
€ (D) 7,99/€ (A) 8,10

Geschenkanhänger
Art. Nr. 19420
€ (D) 3,99/€ (A) 4,10

2 Dosen
Art. Nr. 9133
€ (D) 7,99/€ (A) 8,10

Baker´sTwine in Gelb, Rot oder Grün
Art. Nr. 19426 / 19441 / 19442
jeweils € (D) 9,99/€ (A) 10,30

Die Autorinnen

Gesine Harth

Gesine Harth studierte Kommunikationsdesign und Innenarchitektur in Köln und Wiesbaden. Ihr Interesse an unterschiedlichen Materialien und deren Gestaltungsmöglichkeiten hat sie hierbei vertieft und um einige Facetten erweitert – doch am meisten faszinierte und fasziniert sie noch immer das Papier und seine Vielseitigkeit. Ihre Handschrift ist puristisch und konzeptionell, doch bei der Erstellung von Verpackungen greift sie auch ganz gerne mal tief in die Bastelkiste und lässt ihrer spielerischen Seite freien Lauf.

Karina Schmidt

Die Liebe zum Kochen entdeckte Karina Schmidt schon als Jugendliche. Die eigenen Rezepte „nur" Freunden oder der Familie zu präsentieren, reichte ihr jedoch irgendwann nicht mehr aus. Der Wunsch entstand, ein breiteres Publikum zu erreichen. Inzwischen hat Karina Schmidt mehrere Bücher zum Thema Kochen und kulinarische Entdeckungsreisen geschrieben, veranstaltet Kochseminare und arbeitet als freiberufliche Foodstylistin.

Impressum

Rezeptentwicklung: Karina Schmidt
Verpackungsmodelle: Gesine Harth

Fotos: frechverlag GmbH, 70499 Stuttgart; Fotolia: Andrea Wilhelm (Seite 91 rechts oben), Axel Gutjahr (Seite 54 rechts), Barbara Pheby (Seite 67 unten, 101 unten), Bernd Jürgens (Seite 11 oben links), BeTa-Artworks (Seite 55 rechts unten), Christian Jung (Seite 44 oben rechts, 45 unten rechts), Cora Müller (Seite 64 mitte), DramaSan (Seite 45 oben links), FOOD-micro (Seite 10 oben rechts), Fredredhat (Seite 76 oben links), gaai (Seite 90 links), Genbranch (Seite 10 unten rechts), Grafvision (Seite 12 unten rechts), Inge Knol (Seite 11 unten rechts), Kati Molin (Seite 11 unten mitte, 77 unten mitte), kirchbach.st. (Seite 55 rechts oben), kobra78 (Seite 90 rechts), luigi giordano (Seite 64 links), marina kuchenbecker (Seite 55 links), Markus Mainka (Seite 46), Martina Berg (Seite 54 mitte), mythja (Seite 77 oben rechts), Natalia Klenova (Seite 38), petrabarz (Seite 91 links, 91 rechts unten), Photocrew (Seite 12 unten links, 90 mitte), PhotoSG (Seite 44 oben mitte), roman_d (Seite 54 links), Studio Gi (Seite 10 oben links), Thomas Francois (Seite 71 unten), Unpict (Seite 76 oben rechts), Viktor Pravdica (Seite 89 unten links), Yevgeniya Shal (Seite 44 unten links); lichtpunkt, Michael Ruder, Stuttgart (alle übrigen)

Reihenkonzept: Katrin Hartmann
Produktmanagement: Katrin Hartmann
Lektorat und Texte: Beeke Heller
Markendesign und Layout: N I T R I B I T T Kommunikation & Design, Thomas Detlaf, Kischa Scheibe, Marco Schenck, www.nitribitt.com
Satz: elektrolyten, Petra Schmidt, München, www.elektrolyten.de

Druck und Bindung: G. Canale & C.S.p.A Europe

Hilfestellung zu allen Fragen, die Materialien und Kreativbücher betreffen: Frau Erika Noll berät Sie. Rufen Sie an: 05052/911858 (normale Telefongebühren)

1. Auflage 2013

ISBN 978-3-7724-5909-2
Best.-Nr. 5909